I0123279

Grand-Conseil des Vétérinaires de France

SESSION DE PARIS

ANNÉE 1889

RAPPORT

SUR

L'INSPECTION DES VIANDES DE BOUCHERIE

fait au nom d'une Commission

Composée de MM. LECLERC, de Lyon; DAUZON, d'Alger; FABRE, de Marseille;
LABULLY, de Saint-Etienne; PASCAULT, de Paris.

M. LECLERC, *Rapporteur.*

BESANÇON
IMPRIMERIE M. ORDINAIRE, GRANDE-RUE, 6.

1889

Grand-Conseil des Vétérinaires de France

SESSION DE PARIS

ANNÉE 1889

RAPPORT

SUR

L'INSPECTION DES VIANDES DE BOUCHERIE

fait au nom d'une Commission

Composée de **MM. LECLERC**, de Lyon; **DAUZON**, d'Alger; **FABRE**, de Marseille;
LABULLY, de Saint-Etienne; **PASCAULT**, de Paris.

M. LECLERC, *Rapporteur*.

BESANÇON
IMPRIMERIE M. ORDINAIRE, GRANDE-RUE, 6.

1889

RAPPORT

SUR

L'INSPECTION DES VIANDES DE BOUCHERIE

La loi du 21 juillet 1881, en rendant obligatoire l'inspection par les vétérinaires des tueries et des abattoirs, semble avoir résolu d'emblée la question d'hygiène publique de la surveillance des viandes alimentaires. Il s'en faut cependant que ce contrôle, dont l'importance sanitaire est à peu près généralement admise, soit exercé rationnellement et conformément aux prescriptions légales.

Enquête à faire sur les abattoirs et les tueries non inspectées.

Je n'ai pas besoin de démontrer par des exemples qu'un très grand nombre, et peut-être même le plus grand nombre des abattoirs publics en état de fonctionnement, ne sont nullement inspectés.

De même, il est des abattoirs de villes importantes dont l'inspection ne se fait que très incomplètement, à certains jours, et pendant quelques heures seulement, comme si les autorités municipales voulaient à dessein laisser les interessés dans l'état de liberté de choisir les heures d'abatage des animaux suspects.

Il en est d'autres encore où, au mépris des termes formels de la loi, l'inspection est confiée à d'anciens bouchers.

La connaissance complète des faits de cette nature ne doit pas manquer d'un certain intérêt ; elle aurait, en outre, pour conséctation de permettre aux délégués des sociétés vétérinaires de faire rappeler aux autorités locales que la santé publique mérite d'être mieux sauvegardée. Une première conclusion de cette étude sommaire, que je vous soumets, est donc de faire rechercher la liste des abattoirs publics autorisés dont la surveillance sanitaire n'est pas instituée, conformément à la loi.

Il sera plus difficile d'organiser l'inspection des tueries particulières Les difficultés ici sont de premier ordre. Elles ont fait la matière de plusieurs mémoires, dont je me contenterai de désigner les auteurs, Rossignol, Trasbot, Baillet, Goubaux, etc., etc. J'ai moi-même traité cette question au Grand-Conseil de Besançon.

Depuis longtemps, j'ai acquis une conviction. Si l'on veut appliquer le même mode d'inspection à toutes les tueries, si on veut les réglementer en masse et de la même façon, on commet à mon avis une erreur, et, surtout, on ajoute une difficulté au problème à résoudre.

Et ce problème, ainsi que je l'exprime ci-dessus, est déjà considérablement difficile. Il ne faut pas oublier, en effet, que la réglementation à appliquer devra avant tout respecter ce que j'appellerai la liberté du travail du boucher. Il faut — c'est une conséquence du genre de commerce qui est le sien — qu'il puisse abattre en toute liberté, lorsque sa boutique l'exige — et que sa clientèle le réclame — Et cependant, il faut aussi que tout ce qu'il livrera à la consommation soit attesté salubre.

Dès lors, est-il besoin d'insister — avant de réglementer l'inspection de la tuerie, il faut prendre en considération les habitudes acquises de celui qui l'exploite. Que l'on sache à quel jour, à quel moment il procède d'ordinaire à l'abatage, à la préparation de son approvisionnement d'étal, pour désigner ce jour et cette heure comme le moment de l'inspection sanitaire. Et si pour un motif quelconque ce boucher est obligé d'abattre à un autre moment, il suffira, à titre exceptionnel, de l'obliger à se munir d'une autorisation de l'agent de l'inspection pour que celui-ci puisse remplir son mandat, sans que le commerce de l'intéressé en souffre.

On a, dans les brochures que j'ai rappelées, beaucoup argumenté sur la qualité à exiger de cet agent de l'inspection. Les uns désignent le garde-champêtre, d'autres un ancien boucher ou charcutier ou un ancien militaire, etc., etc., comme celui devant être investi de cette surveillance : ce sont là des discussions oiseuses. Ce qu'il faut, c'est un honnête homme, choisi par la municipalité, que le vétérinaire sanitaire devra familiariser avec les difficultés et la connaissance de sa mission. Ces deux conditions obtenues, un contrôleur bien au courant de sa consigne assurera dans la commune l'exécution journalière du rôle sanitaire, que le vétérinaire tient de la loi.

Ce rôle, le vétérinaire sanitaire, pour le remplir, doit être investi d'une grande autorité, et il est facile de la lui donner. En l'état actuel et par la faute de la législation peut-être, elle lui manque en partie. Je m'explique.

Le vétérinaire sanitaire n'a pas suffisamment d'action sur le propriétaire de la tuerie envisagé dans cette qualité tout spécialement. Je suis obligé de rappeler que, comme les abattoirs publics, les tueries particulières ne peuvent exister régulièrement que si elles sont autorisées. *L'autorisation appartient au préfet.* Je souligne ce point de droit ; c'est le préfet qui autorise la tuerie, et c'est le maire qui doit en assurer l'inspection.

Comme au sujet des abattoirs, je suis obligé de constater, à regret, que l'autorisation des tueries n'est pas régulièrement exigée. C'est un abus à constater par des enquêtes, à signaler, et à faire disparaître.

Il est à désirer qu'avant de délivrer des autorisations de tueries, les préfets consultent, en outre des conseils d'hygiène ou conjointement avec eux, les vétérinaires des épizooties et préférablement ceux d'entre eux qui doivent inspecter les tueries. Mais il importe avant tout, au premier chef, que le propriétaire de la tuerie soit taxé (ce sera une des conditions du fonctionnement de son abattoir particulier), et cette taxe, versée à la commune, serait calculée de façon à payer les honoraires du service d'inspection. La taxe de vérification des viandes dont la légalité a été consacrée par un arrêt du 19 avril 1875, pourrait être appliquée aux communes qui construisent de nouveaux abattoirs, et à celles qui arguent de l'insuffisance de leurs ressources pour se priver d'inspection malgré les termes de la loi — ; à défaut d'acquittement, comme aussi en raison de contraventions répétées à l'arrêté d'ouverture de la tuerie, constatées par le vétérinaire inspecteur et suivies de condamnation en justice, la tuerie pourrait être fermée.

C'est dans cet esprit et sur ces bases que l'inspection des tueries pourrait définitivement s'organiser. Je n'ai pas à démontrer très longuement que pareille organisation s'impose. Il est extrêmement regrettable d'être contraint de proclamer que sur la totalité du territoire français, les tueries qui sont inspectées sont l'infime exception. Cette constatation de la défaillance de la loi est en même temps celle d'un véritable danger pour la santé publique. Évidemment, les campagnes et surtout les banlieues des villes deviendront — si ce n'est déjà fait — le réceptacle des mauvaises viandes et le refuge des bouchers de mauvais aloi. Puisque la non-sanction de la loi peut devenir la cause d'un danger public, il y a lieu de réagir, et c'est aux représentants de la profession vétérinaire d'indiquer en l'espèce le mal — sur lequel nous sommes tous d'accord — et le remède, que je crois avoir indiqué ci-dessus.

Abattoirs publics. -- Législation, taxe d'abatage, gestion, etc., etc.

Ce remède, cependant, sera d'autant plus efficace, que le nombre de tueries à contrôler sera moins élevé, d'où un contrôle plus facile ; aussi, à propos de l'inspection des tueries, j'avais au Grand Conseil de Besançon préconisé ferme la propagande en faveur de la multiplication des abattoirs publics. Je n'ai pas changé d'avis, et j'ai eu depuis la satisfaction de voir un certain nombre de communes importantes autour de Lyon remplacer par des abattoirs les tueries séculaires de leurs bouchers.

Les avantages, pour les vétérinaires inspecteurs, de semblables transformations, n'ont pas besoin d'être démontrés. En revanche, des questions nouvelles s'imposent à eux. Les vétérinaires inspecteurs sont, pour ainsi dire de droit, les conseillers des municipalités engagées dans cette voie. L'expérience des constructions qui se sont élevées dans ces derniers temps autour de Lyon m'a démontré plus que complétement que les autorités, les conseils et les commissions techniques, les architectes mêmes (et j'ajouterai, entre nous, les livres vétérinaires parus sur l'inspection) sont fort peu au courant de la législation, des conditions de construction, et des bases de l'exploitation des abattoirs publics. Ce sont là, cependant, des questions très intéressantes, qui touchent de très près à l'inspection que l'inspecteur doit connaître, s'il veut être, en même temps qu'un protecteur éclairé de la santé de ses concitoyens, un conseiller judicieux, au point de vue de l'économie des deniers publics, de l'administration municipale dont il doit acquérir la confiance. Ce n'est pas l'occasion d'insister longuement sur ce côté administratif de la mission du vétérinaire inspecteur.

Au surplus, l'initiative du Grand-Conseil n'a pas à s'exercer, en tant que collectivité, sur les communes, dans la construction d'abattoirs nouveaux. Elle peut, elle doit, en revanche, réclamer son action, sur la base de l'inspection : Je veux dire sur les cas où l'inspecteur doit prononcer la saisie.

Liste unique de cas de saisie. -- Procédure unique de la saisie.

J'ai demandé, à Besançon, et j'ai eu, depuis, l'occasion d'en discuter le bien-fondé avec mon estimable collègue M. Baillet (de

Bordeaux) l'établissement d'une liste unique des cas de saisies de viande des boucheries, la même s'appliquant dans tous les abattoirs. Depuis cette époque, d'autres ont repris la même idée, qui a fait son chemin et qui est évidemment la cause indirecte des Congrès sur la Tuberculose, dont je n'ai pas à rappeler ici le dernier et ses résultats. Ma demande de Besançon est à renouveler : ai je besoin, pour la justifier, de répéter que la France vit sous le règne de la loi, et que ce qui est permis ici est permis partout, comme il en doit être pour ce qui est défendu ?

C'est encore pour le même motif qu'il me paraît inadmissible que la procédure de saisie ne soit pas invariable. J'ai peine à comprendre, je l'avoue, que la contre-expertise administrative existe à Paris, comme une sorte de manifestation de défiance à l'égard du service, et d'abandon des devoirs de l'administration envers les consommateurs ; et je ne comprends pas mieux qu'à Bordeaux la contre-expertise judiciaire soit refusée, le Maire s'arrogeant ainsi des pouvoirs draconiens et illégaux, que la moindre protestation devant le Conseil d'Etat ferait tomber ridiculement ?

Ce sont là des critiques qu'il me faut formuler, parce qu'elle révèlent les erreurs de certaines organisations inspectorales, et qu'elles indiquent dans ces organisations des parties faibles que je voudrais sincèrement voir disparaître.

On a dit, pour justifier de pareilles illégalités, que l'inspecteur nommé au concours devait être couvert par la municipalité dont il relève, parce qu'il ne fait pas de clientèle, etc., etc. Je n'ai pas besoin de faire ressortir l'insuffisance de cet argument ; il me suffira de répondre que le droit de propriété n'est pas justiciable d'un arrêté municipal ; ce n'est pas, du reste, parce qu'une saisie est l'objet d'une contre-expertise judiciaire, que le maire découvre l'inspecteur, même en admettant que cette expertise conclût contre lui. Néanmoins, il faut examiner le cas où le maire rendrait l'inspecteur responsable des conséquences de l'expertise, ou de tout autre fait de son service ; il faut, en un mot, envisager le cas possible d'une révocation, et se demander s'il a un recours contre la municipalité qui le révoque.

Garanties de l'inspecteur. -- Direction et concen tration des services d'inspection.

Ainsi se posent une série de questions.

Y a-t-il lieu de réclamer des préfets, pour les inspecteurs, une sorte d'investiture dans leurs fonctions, comme pour d'autres employés municipaux ?

Ou leur nomination par le préfet, comme les vétérinaires sanitaires ? Et enfin, comment conviendrait-il de concentrer l'action des services d'inspection ? Quelle est leur place dans la direction de la santé publique ? Doivent-ils être rattachés au ministère de l'Intérieur, de l'Agriculture ou du Commerce ?

Ce sont, tout d'abord, les garanties de la fonction qui sollicitent nos réflexions. Dans ces derniers temps, plusieurs journaux professionnels et des Sociétés vétérinaires ont examiné cette question. Certains de mes confrères ont eu, à cette époque, à supporter dans plusieurs villes que je n'ai pas à citer des vexations, des menaces ou même des préjudices immérités des maires ou des conseils municipaux dont ils relèvent.

De là, pour beaucoup, à conclure que les administrations municipales sont dangereuses pour les services ou impuissantes à les protéger, il n'y avait qu'un pas à franchir. Et la question s'est posée de savoir s'il ne conviendrait pas de demander le rattachement des services de la boucherie aux services sanitaires départementaux.

Il y a, dans cette question, du pour et du contre.

Les services de surveillance des abattoirs ont des rapports fréquents avec le service des épizooties ; l'inspecteur de la boucherie est à la fois une hygiéniste et un agent du service sanitaire départemental. Mais il n'est pas moins évident qu'il ne remplit le second rôle que latéralement, et que sa raison d'être est dans le premier.

On a dit, aussi, que les pouvoirs municipaux étaient trop exposés aux changements ; que leur origine électorale les dénuait d'autorité, etc., etc. A cela, sur le terrain pratique, on peut objecter encore que les préfets aussi sont changeants.... et changés ; et que, par suite, ils ne peuvent exercer sur la population qu'une influence morale aussi faible que passagère. Quels avantages aurait l'inspection de faire partie de l'administration départementale, et de fonctionner dans les bâtiments municipaux ? On voit très-bien, au contraire, qu'une pareille organisation, vexatoire pour les municipalités, suffirait à rendre l'institution impopulaire. On s'aperçoit également de l'impossibilité de rattacher au préfet ces nombreux inspecteurs de la boucherie que nous rêvons de voir fonctionner dans toutes les communes, dans tous les abattoirs, dans toutes les tueries d'un même département. On ne saurait mettre en doute la résistance des municipalités soucieuses de leur rôle, lorsqu'il s'agirait de les dépouiller d'une de leurs plus précieuses prérogatives, la protection de la santé publique. On ne saurait négliger l'hostilité à prévoir des conseils municipaux, dont le rôle exclusif consisterait à inscrire au budget le traitement des inspecteurs, passé ainsi à l'état de dépense obligatoire.

Il n'y a donc aucune motion à faire quant à l'affectation administrative des services d'inspection. Mais il y a lieu d'examiner les garanties dont leur situation a besoin d'être entourée ; les faits dont j'ai parlé plus haut le prouvent.

L'abandon du droit de faire de la clientèle, tout favorable au bon fonctionnement du service, mérite compensation. Il faut que l'arrêté de nomination consacre la propriété de l'emploi, en dehors des conditions d'indignité ou de manquement au devoir professionnel.

A cet égard, l'exemple donné par la municipalité d'Epinal à l'instigation du professeur Barrier, d'Alfort, indique la réclamation qu'il faut introduire auprès des villes, dont les inspecteurs seraient nommés au concours et déchus du droit de faire de la clientèle. Je ne crois pas que nous puissions exiger d'autres garanties, que la loi du 5 avril 1884 et le droit des administrations municipales rendraient du reste illusoires.

Il serait cependant à désirer que le fonctionnement des inspections locales soit contrôlé, dans le but de leur assurer une activité qui satisfasse aux exigences de la loi, et de leur faire rendre les résultats qu'en attend l'hygiène publique. Les services d'inspection des viandes de boucherie devraient ressortir d'un comité technique, institué dans l'un des ministères de la République. Par leur but, ils semblent dépendre de la direction de la santé publique, organisée tout récemment au ministère de l'intérieur. Par leur nature, au contraire, ils paraissent dépendre du comité des épizooties, institué près du ministère de l'agriculture. Enfin, il est des questions que leur fonctionnement a soulevées, et qui appartiennent au ministère du commerce ; je citerai, par exemple, l'importation des viandes fraîches et des viandes salées étrangères, que la surveillance sanitaire a déjà fait discuter plusieurs fois au Parlement.

La concentration des services d'inspection sous une direction technique s'impose aux réflexions des vétérinaires ; il est à craindre, en raison de l'importance croissante qu'ils doivent prendre, que les médecins ne s'emparent de leur direction ; il n'est pas douteux, d'autre part, que la compétence leur manquant, les intérêts si considérables que soulèvent le contrôle des viandes ne soient faussés. Déjà, le congrès pour l'étude de la tuberculose a émis le vœu, qui semble être passé inaperçu, qu'il y a lieu de placer dans les attributions des conseils d'hygiène toutes les questions relatives aux maladies contagieuses des animaux domestiques, y compris celles qui ne semblent pas, quant à présent, transmissibles à l'homme. Signaler le danger, c'est provoquer les mesures propres à y parer. Je crois, quant à moi, que l'impulsion doit être donnée au service d'inspection de la boucherie — comme aux services sanitaires — par le comité des épizooties, et c'est à la réorganisation de ce comité, compris comme l'ont entendu les Grands-Conseils vétérinaires, qu'il convient de nous appliquer. Aux prétentions du corps médical, tout préoccupé d'exercer sur nos services une action qui, pour n'avoir que des bases théoriques, ne saurait que vicier des institutions qui ont été créées sans son concours, il faut opposer une vive résistance.

Les médecins ont déjà, dans l'armée, de par le règlement sur le service intérieur (1884), le contrôle des viandes mortes mises en distribution dans les corps. Comment l'administration de la guerre n'a-t-elle pas vu que les médecins militaires n'ont pas la capacité légale d'appliquer la police sanitaire du bétail ? Comment n'a-t-elle pas compris qu'il leur manque la capacité professionnelle dans l'accomplissement de cette mission ? La loi de 1881, pour produire tous ses effets, doit être invoquée contre le règlement militaire, à l'effet de faire rendre aux vétérinaires de l'armée la surveillance de l'alimentation en viande. La salubrité et la qualité de cette fourniture ne peuvent qu'y gagner.

Une autre considération nous est fournie, à l'appui de la concentration des services d'inspection des viandes, par la loi toute récente (du 24 juin 1889) qui réglemente l'inspection des viandes fraîches abattues avant leur entrée en France. Cette loi n'est que l'organisation d'un service d'inspection de viande par l'Etat ; ce service, comme le contrôle aux douanes des salaisons étrangères, qui a déjà fonctionné et qu'il faudrait réorganiser, rentre sous le contrôle du Comité des épizooties.

CONCLUSIONS.

Voici, en résumé, les conclusions qui se déduisent du rapport ci-dessus :

1° Ouvrir une enquête sur la situation des abattoirs publics au point de vue de l'inspection et de l'application à réclamer de la loi de 1881 ; cette enquête pourrait être demandée aux préfets ;

2° Réclamer l'organisation de l'inspection des tueries, basée sur la création de taxes d'inspection appliquées aux bouchers qui les exploitent, ces taxes étant destinées à payer les frais d'inspection ;

3° Réglementer, par un décret, la procédure en cas de saisie, et dresser une liste unique des maladies et des altérations des viandes qui doivent entraîner la saisie pour tous les services ;

4° Réclamer des garanties de propriété de la fonction et du traitement pour les inspecteurs ;

5° Concentrer l'action des services au Comité des épizooties, dont le contrôle pourra être réclamé lorsque ce comité sera réorganisé et aura un vétérinaire à sa tête, conformément aux décisions des Grands-Conseils antérieurs ;

6° Demander que l'inspection des viandes dans l'armée soient rendue aux vétérinaires militaires, ou, à défaut, pour certaines garnisons, aux vétérinaires civils ;

7° Signaler la nécessité d'appliquer les mêmes mesures dans les trois départements de l'Algérie.

Besançon. — Impr. M. Ordinaire.

321

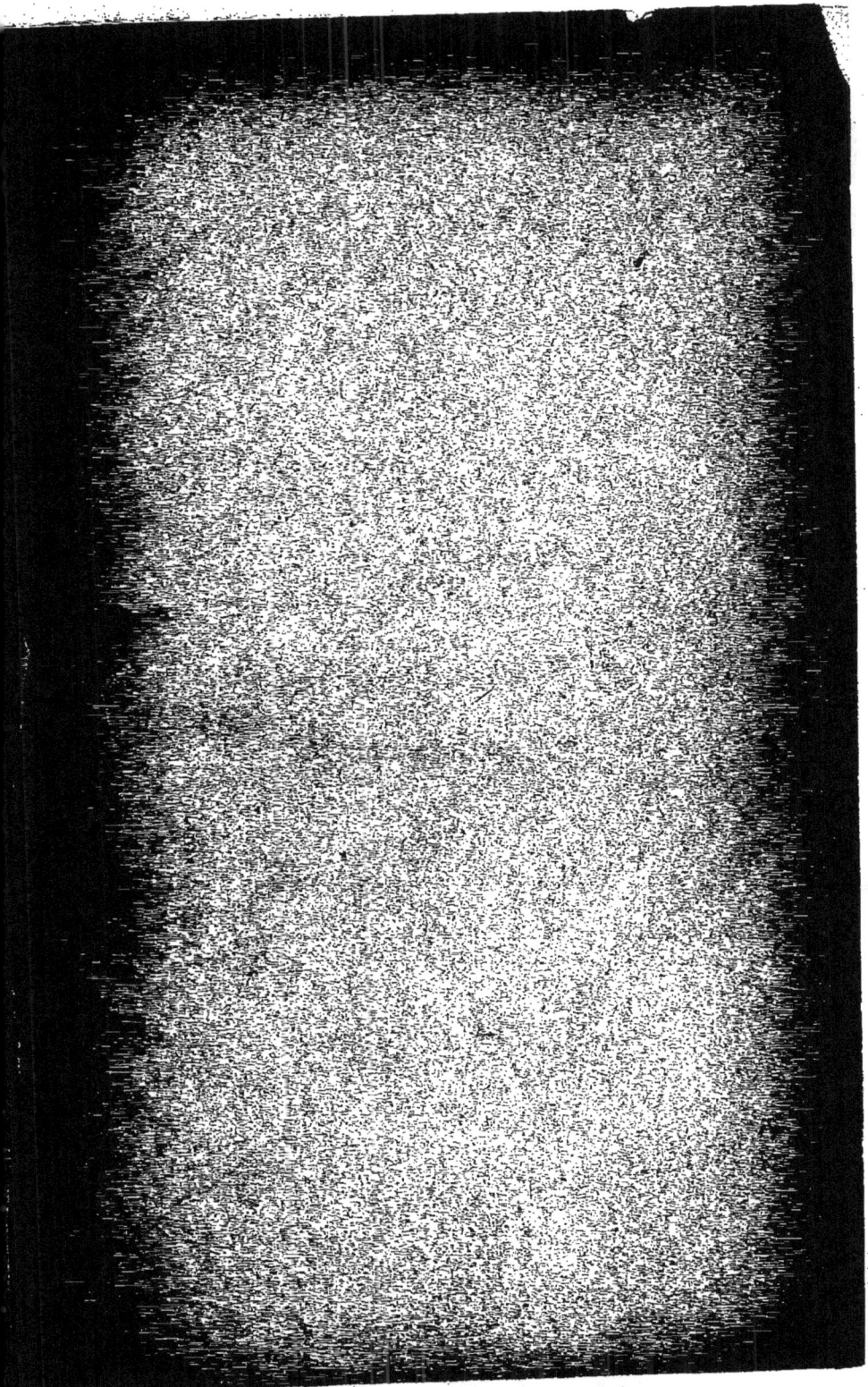

www.ingramcontent.com/pod-product-compliance
Lightning Source LLC
Chambersburg PA
CBHW070118300326
41934CB00035B/2896